Галина Комарова

Красивая женщина. Сегодня, завтра и всегда!

Галина Комарова

Красивая женщина. Сегодня, завтра и всегда!

Домашние рецепты красоты

Bloggingbooks

Impressum / Выходные данные
Bibliografische Information der Deutschen Nationalbibliothek: Die Deutsche Nationalbibliothek verzeichnet diese Publikation in der Deutschen Nationalbibliografie; detaillierte bibliografische Daten sind im Internet über http://dnb.d-nb.de abrufbar.

Alle in diesem Buch genannten Marken und Produktnamen unterliegen warenzeichen-, marken- oder patentrechtlichem Schutz bzw. sind Warenzeichen oder eingetragene Warenzeichen der jeweiligen Inhaber. Die Wiedergabe von Marken, Produktnamen, Gebrauchsnamen, Handelsnamen, Warenbezeichnungen u.s.w. in diesem Werk berechtigt auch ohne besondere Kennzeichnung nicht zu der Annahme, dass solche Namen im Sinne der Warenzeichen- und Markenschutzgesetzgebung als frei zu betrachten wären und daher von jedermann benutzt werden dürften.

Библиографическая информация, изданная Немецкой Национальной Библиотекой. Немецкая Национальная Библиотека включает данную публикацию в Немецкий Книжный Каталог; с подробными библиографическими данными можно ознакомиться в Интернете по адресу http://dnb.d-nb.de.

Любые названия марок и брендов, упомянутые в этой книге, принадлежат торговой марке, бренду или запатентованы и являются брендами соответствующих правообладателей. Использование названий брендов, названий товаров, торговых марок, описаний товаров, общих имён, и т.д. даже без точного упоминания в этой работе не является основанием того, что данные названия можно считать незарегистрированными под каким-либо брендом и не защищены законом о брендах и их можно использовать всем без ограничений.

Coverbild / Изображение на обложке предоставлено: www.ingimage.com

Verlag / Издатель:
Bloggingbooks
ist ein Imprint der / является торговой маркой
OmniScriptum GmbH & Co. KG
Heinrich-Böcking-Str. 6-8, 66121 Saarbrücken, Deutschland / Германия
Email / электронная почта: info@bloggingbooks.de

Herstellung: siehe letzte Seite /
Напечатано: см. последнюю страницу
ISBN: 978-3-8417-7291-6

Copyright / АВТОРСКОЕ ПРАВО © 2014 OmniScriptum GmbH & Co. KG
Alle Rechte vorbehalten. / Все права защищены. Saarbrücken 2014

Слова «ДОСТАТОЧНО» не существует для ВОДЫ, огня и ЖЕНЩИНЫ.

СОДЕРЖАНИЕ:

- МОРЩИНКИ вокруг ГЛАЗ, Виноград и пустыня Сахара! Что общего? Ошибки, которые приводят к раннему старению.   Стр.5
- Средство от МОРЩИН под глазами. 2 простейших Совета гарантированно уменьшат Ваши морщины.   Стр. 7
- Что ЛУЧШЕ ботокса? Способны ли омолодить Уколы Красоты?   Стр.9
- Как убрать Мелкие МОРЩИНКИ под глазами?   Стр.11
- ОМОЛОЖЕНИЕ кожи в домашних условиях. Что важнее: ТОНУС ЛИЦА или морщины?   Стр.13
- Женщина БЕЗ макияжа - как кладка без штукатурки: СЕРАЯ Стена. Всего ТРИ средства – и Вы ВОСХИТИТЕЛЬНЫ всегда!   Стр.15
- КАКОЙ самый ЛУЧШИЙ тональный крем? Антивозрастной тональный крем – ключ к бархатной и свежей коже, нежнее, чем у персика…….УТОПИЯ?!?!   Стр.17
- Говорят, в каждой ведьме спрятана принцесса. ПРАВИЛЬНЫЙ УХОД за КОЖЕЙ лица и СРЕДСТВА ухода помогут вам избежать мучительных поисков.   Стр.20
- УХОД за кожей лица ЗИМОЙ. Секреты женской КРАСОТЫ Клеопатры.   Стр.23
- НАТУРАЛЬНЫЕ маски из картофеля для ЛИЦА. Ваша кожа устала и ей хочется чего-то домашнего?   Стр.26
- Мыши плакали, кололись, но ели кактус. Зачем мы себя так МУЧАЕМ? Стр.27
- Как сохранить МОЛОДОСТЬ кожи? ВИТАМИНЫ Молодости и Красоты. Важны ли они?   Стр.29
- ДОМАШНЯЯ ЭФФЕКТИВНАЯ ДИЕТА. Что бы такого Съесть, чтоб Похудеть? Стр.31
- Почему я перестала покупать в магазине, или сохраните своё Здоровье и Кошелёк.   Стр.33
- Подделка косметики! ФРАНЦУЗЫ бы повесились….. Стр.36
- Уход за проблемной кожей лица. Три ошибки, которые только увеличивают ПРЫЩИ.   Стр.37
- Когда в последний раз, вам говорили: "Выглядишь ПОТРЯСАЮЩЕ"!!!! Почему российские женщины СТАРЕЮТ быстрее?   Стр.40
- Уход за сухой кожей лица. В каком возрасте идёт пик старения кожи?   Стр.43
- Лечение купероза в домашних условиях. Возможно, ли убрать купероз?   Стр.46
- «Как избавилась от пигментации? - зеленея от зависти, спрашивают Вас подружки.   Стр.49
- Как определить тип кожи? Для чего это необходимо?   Стр.52
- Хороший, профессиональный уход за лицом. Как часто делать? Ваш спутник непременно это ОЦЕНИТ!   Стр.55

ВВЕДЕНИЕ.

Давайте знакомиться. Меня зовут Галина Комарова.

Всегда считала, что вокруг океан информации по уходу за лицом. И все, всё знают. Понимают. Умеют. И могут.

Так сложилось, что в последнее время я тесно связана с косметикой, салонами красоты и косметологами.

Однажды, после разговора с одной знакомой, которая попросила моего совета по решению проблемы с лицом, я поняла. Многие женщины мало представляют, как правильно ухаживать за своим лицом. Не придают этому значения. Простейшие знания и умения, которые способны продлить молодость и красоту прошли мимо них, как в море корабли. Хотя ничего секретного в этом нет. Но важность и понимание, почему необходимо делать именно так отсутствует. Непонятно откуда, взявшийся миф: « Сейчас я чем – нибудь обойдусь. Вооооооооот наступит время. Схожу в салон. Причём, один разик. И, снова, красавица. Навсегда……

Ага. Держи карман шире. Неправильный уход способен, в конце концов испортить даже самую идеальную кожу».

Получая анкеты читательниц своего блога, признаюсь, я в ужасе:

«Как так? Единственное средство для ухода – мыло. Откуда здесь взяться молодости и очарованию»?

В 70% случаев салон красоты не является дикой необходимостью.

Возможно, какие - то мои советы банальны и слишком просты. Но они эффективны и проверены временем. Вспомните Клеопатру. Точно не одним мылом пользовалась. Заботилась и лелеяла свою красоту. А что мешает ВАМ?

(книга написана на основе статей с блога автора http://komarovagalina.com/)

МОРЩИНКИ вокруг ГЛАЗ, Виноград и пустыня Сахара!

Что общего?

А вы уже знаете, что любит ваша кожа и КАК она хочет выглядеть через 10 лет?!

Ошибки, которые приводят к раннему старению.

«Мы познаём ценность воды, лишь когда колодец пересыхает» - сказал Бенджамин Франклин.

Виноград без воды превращается в изюм. Земля без дождей, в мёртвую пустыню. *Плохо увлажнённая кожа вокруг глаз, украшается «гусиными лапками».*

Согласитесь печально и грустно для женщины выглядеть старше своего возраста. И как приятно слышать, когда вокруг все удивляются, узнав, сколько вам лет. Душа поёт.

Совсем не обязательно, сразу же искать кардинальные средства борьбы. Морщинки вокруг глаз, можно победить простым способом. Для начала поправьте свой питьевой режим. Конечно, сказать, легко. А как это сделать? Постоянно некогда, забыли, отвлеклись. Очень хорошо, вас понимаю.

Есть способ. Простой и лёгкий. Наливаете в бутылочку воды и ставите на видное место дома, на работе. Хоть где. Прошли мимо, сделали пару глотков. Обратно ещё парочку.

Не надо считать, запоминать и мучиться. Вот он ваш контролёр на видном месте. Сам все считает и ещё вам показывает. Вы кстати когда – нибудь, видели малышей с морщинками? Задайте себе вопрос. Почему? У них кожа напитана влагой. Мы же, к сожалению, с возрастом её теряем. Ухаживать за собой, лень-матушка. Вот и ходят тридцатилетние старушки.

Жестоко, наверное с моей стороны, так говорить. Нас многому в школе учат. С утра до вечера. Извлекать квадратный корень, катет гипотенузы равен..... Шить ночнушку, фартук, варить борщ.

- ☐ А как подольше продлить молодость?
- ☐ Как в любом возрасте выглядеть красавицей?

- ☐   Как сделать так, чтобы мужчины ловили каждое ваше словечко и «сами рядышком в штабеля складывались»?

- ☐   Почему нас этому не учат в школе?

Наша страна богата красивыми женщинами. Но так много неухоженных! В глаза бросается. В городах, сёлах. Везде.

Милые женщины, готовы ли вы узнать, как избежать <u>основных ошибок</u> при уходе за лицом, чтобы сохранять его свежесть и очарование на долгие годы вперёд?

Только представьте, через 30 лет на встрече одноклассников ваши подружки, завистливо вздыхают. Мальчишки. Для вас, они, конечно – же, мальчишки наперебой сыплют комплименты. Как приятно наслаждаться всеобщим вниманием. И вокруг глаз, уже не морщинки – а лучики света, озаряют и украшают ваше радостное лицо. Согласитесь, ради таких моментов, можно потрудиться над собой.

<u>Итак, у вас появились морщинки вокруг глаз?</u>

Совсем не обязательно отдавать тысячи рублей в салоны красоты. Вы всё сможете поправить Дома, благодаря моим советам, которые используют уже сотни женщин.

1. Вы узнаете основные ошибки, которые допускают 80 % женщин, приводящих к раннему старению.

2. Приобретёте упругую кожу.

3. Вы забудете о морщинках, как о СТРАШНОМ сне.

4. И ещё Вы узнаете …….о СЕКРЕТАХ древнегреческих красавиц, покоряющих могучих воинов.

5. Ухаживайте за своей кожей Сегодня, и вы избежите уколов молодости Завтра.

Средство от МОРЩИН под глазами.

В его поисках, Вы перерыли весь интернет?

2 простейших Совета гарантированно уменьшат Ваши морщины.

Молодость коже ВОЗВРАЩАЕТСЯ во время сна.

- Ваша цель - иметь гладкую и упругую кожу?
- Каждая новая морщинка добавляет вам очередную порцию печали?
- Вы ищите чудодейственные способы и пропускаете простые и доступные?

Какое средство от морщин под глазами – ЭФФЕКТИВНО? Ответ в этой статье.

И он Вас поразит.

1. Обратите внимание на то, как Вы спите. Если, уткнувшись носом в подушку, срочно меняйте положение. Очень хорошо Вас понимаю, сложно отказаться от любимой и удобной позы.

    Сфотографируйте себя, лёжа в этой позе. Попробуйте сами. На телефон. Или попросите, кого-нибудь из домашних. Обратите внимание. Как сминается Ваша кожа, пока Вы так лежите. Итог каждой складки – новая морщинка.

    Пока Вы молоды, кожа самостоятельно разглаживается. И Вы не замечаете этого. С возрастом кожа теряет такую способность. И Вы сами себе добавляете огромную, добавочную порцию морщин под глазами.

    Всегда есть выбор. Что для Вас важнее? Научиться спать на спине и избавиться от половины морщин. Или оставить любимую позу во время сна. И продолжать рыться в интернете, надеясь найти чудодейственное средство от морщин под глазами. Когда я начала спать на спине, было жутко некомфортно и неудобно. Но уже через неделю, я обнаружила, что самая большая морщинка под глазами, чудесным образом, куда - то исчезла. Я радовалась, как ребёнок, новой игрушке. Оказалось так просто и доступно, что теперь мне мой мозг разрешает спать только на спине.Представьте, сколько денег можно сэкономить на косметике. Важнее, не средство от морщин под глазами искать, а менять привычку.

Ваша красота в ваших руках, точнее в вашем сне.

2. Ещё одна вредная привычка – сидеть, подперев лицо руками. Удобно, спасу нет. Возьмите в руки зеркало и посмотрите на себя. Везде, где видите замятие кожи – место новой будущей морщины. Мы ищем причины во всём и везде, но только не у себя. Возьмите за правило, как можно меньше трогать своё лицо. Всегда. Вам нужны дополнительные морщины? Возраст и так их нарежет со временем. Сами себе не вредите, пожалуйста.

Конечно, можно не верить и продолжать искать новое средство от морщин под глазами.

Хотите на самом деле, получить результат? Проведите эксперимент. Попробуйте месяц спать на спине, уберите привычку подпирать лицо руками. Плюс, ПРАВИЛЬНЫЙ уход. Его обожает Ваша кожа.

И уже через 30 дней, Вы обнаружите, что:

- морщины стали менее выраженными
- часть морщин удивительным образом исчезла
- ваша кожа разгладилась и радует своей свежестью

Блаженство осознавать, что потрясающе смотришься на фоне своих сверстниц.

Мечта ЛЮБОЙ женщины в 50 лет выглядеть на 35.

Сегодня, реально остановить время, без уколов и пластики.

Время в вашей Власти!

Что ЛУЧШЕ ботокса?

Способны ли омолодить Уколы Красоты?

Какая Маска вместо ботокса, эффективней?

«Ваше лицо в двадцать лет вам дано природой, каким оно будет в пятьдесят, зависит от вас»- говорила Коко Шанель.

Конечно, хочется подольше оставаться молодой и красивой. Вот и готовы женщины на любые жертвы. Желание убрать компрометирующую морщинку больше, чем страх получить букет осложнений и прочей прелести. Насколько оправдан такой риск? Решать только Вам. Для удовлетворения вашего желания, любой ценой сохранить молодость, существует целая индустрия красоты. Уколы, нити, сложные аппаратные процедуры. _Есть спрос. Есть предложение._

А там уж как повезёт.

Как действует ботокс и что ЛУЧШЕ ботокса? Если не вдаваться в медицинскую терминологию, после введения укола красоты временно парализуется мышца кожи лица. Создаётся механическая гладкость кожи, за счёт неподвижности мышц. Фактического же омоложения кожи не происходит. Действие ботокса, проходящее. Как правило, каждые полгода процедуру необходимо повторять. Иначе все морщины возвращаются назад. Они же никуда не исчезают. Так ненадолго расслабляются. Стоимость процедур достаточно приличная. Плюс сами себе покупаем дополнительные хлопоты по борьбе с осложнениями. Уколы в последнее время рассматривают, как самое обычное средство для продления молодости. Но по большому счёту, никто особо не сопоставляет будущие «болячки» с укольчиками. Зачем??

Что же тогда поможет приостановить старение кожи?

Всегда самые простые вещи помогают лучше. Их эффективность очевидна только со временем, поэтому и недооценивается. Морщины образуются, потому что снижается выработка собственного коллагена. Кожный каркас проваливается и сминается. Приостановить процесс могут средства, стимулирующие выработку собственного новенького, свеженького коллагена. Наука не стоит на месте. Антивозрастные крема есть. Не рассчитывайте, что только один крем омолодит Вас.

Здесь необходим полный комплекс процедур. Он простейший. Но его необходимо соблюдать:

1. Умывание два раза в день. Обязательно молочко + тоник.
2. Применение дневного, ночного крема + крем для кожи вокруг глаз.
3. Положение во время <u>сна.</u>
4. Применение дополнительных ухаживающих средств. Домашняя маска вместо ботокса, даёт отличный результат. Конечно, если её делать регулярно.
5. Дополнительный приём антиоксидантов. <u>Витамины молодости.</u>

Весь этот комплекс намного дешевле и безопасней, чем порция укола + возможные последствия.

Итак, что лучше ботокса? <u>Выбирать</u> Вам. Идти против природы, платить любые деньги за дорогостоящие антивозрастные процедуры. Или взять время в свои руки с помощью <u>каждодневного ухода</u>. Любой косметолог подтвердит второй способ правильней и разумней.

Но всегда придёт к Вам на помощь, как только Вы захотите за один раз помолодеть лет на …ть. Что может быть лучше ботокса!!!

P.S. Все женщины, индивидуальны и неповторимы. Как узнать, что подходит именно Вам? Пройдите ТЕСТ и получите ответы на ваши вопросы, БЕСПЛАТНО.

<u>Ваша красота в ваших руках!</u>

Как убрать Мелкие **МОРЩИНКИ** под глазами?

Какой крем вокруг глаз способен Решить эту проблему?

Вы вероятно уже слышали, что за кожей вокруг глаз необходимо ухаживать. Согласитесь, ничто так не *расстраивает* женщин, как появление первых морщинок. Мысленно перенеситесь на 5 лет вперёд. Что будет, если Вы сейчас не начнёте ухаживать за кожей вокруг глаз?

Мало приятного, когда тебе дают больше лет, чем на самом деле.

Мелкие морщинки, особенно до 30 лет – это недостаток влаги в коже. Здесь вопрос решается быстрее.

1. Достаточно поправить свой питьевой режим.
2. Смывать макияж пенкой или специальным средством. Любители умываться с мылом рискуют добавить дополнительную порцию морщин. Понятно, что они появятся не сразу. Но вы провоцируете…*Оно Вам надо?* Мыло сушит кожу, ещё и забивает поры.

Когда используете специальное средство, не трите им глаза. Так Вы ещё больше растягиваете кожу. Здравствуйте новые, мелкие морщинки. Приложите, смоченные ватные диски со средством к глазам и подождите, когда оно растворит макияж. Так глаза очищаются намного легче. Вам нравится умываться с большим количеством воды? Тогда используйте специальные универсальные пенки для снятия макияжа.

3. Используйте увлажняющий крем для кожи вокруг глаз. Крем наносите по направлению от виска к носу. Так меньше растягивается кожа. Нащупайте около наружной части глаза косточку черепа (так, называемые глазницы) и по этой косточке наносите крем вокруг глаз. Если наносить крем слишком близко к глазам, риск аллергической реакции выше. А так кожа сама заберёт необходимое количество крема.

4. Балуйте глаза масками из картофеля. Он хорошо разглаживает мелкие морщинки. Доступное средство. Хорошо освежают глаза заваренные чайные пакетики или пакетики с ромашкой (продаются в аптеках). Полежали минут 15 с пакетиками на глазах, потом увлажняющий крем. Обязательно посмотрите на себя в зеркало.

Видите, какой гладкой, эластичной становится кожа вокруг глаз, словно натуральный шёлк.

<u>Вообще большинство ранних морщин это результат лени, а не какой- то там предрасположенности.</u>

Поэтому и убрать морщинки под глазами достаточно просто. Если следовать рекомендациям, а не просто их изучать.

После 30 лет процесс обновления кожи замедляется, накапливаются проблемы с коллагеном и эластином, поэтому только увлажняющими средствами уже не обойтись. <u>Необходимо добавлять антивозрастные программы с питанием кожи.</u> Соблюдайте все, перечисленные выше правила и к увлажнению добавьте разглаживающие крема.

Любой результат, вы увидите не раньше, чем через <u>30-40 дней.</u> такое время, необходимо для обновления кожи. Очень хорошо понимаю, хочется моментально. Сегодня, многие производители выпускают крема со специальными светофиллерами. За счёт игры со светом и временного заполнения морщин создаётся приятная иллюзия того, что крем вокруг глаз, убрал все морщинки. Причём за один раз. Мгновенно. Такие, крема хороши, для важных мероприятий, праздничных событий. Когда вам особенно важно выглядеть на 100% и выше. И с такой задачей они справляются великолепно. Но, как правило, только эту задачу и решают.

Вы действительно хотите убрать мелкие морщинки под глазами???

Тогда настраивайтесь на повседневный уход. Избегайте основных ошибок, которые допускают 80% женщин. <u>Решение большинства ваших проблем с лицом решает этот бесплатный мини - курс.</u> Благодаря простейшим несекретным секретам, Вы увидите ОШЕЛОМЛЯЮЩИЕ результаты. Пока, другие ищут и переплачивают свои деньги за волшебные крема, Вы держите курс на победу над морщинками. Внимание от окружающих 24 часа в сутки, Вам обеспечено!

ОМОЛОЖЕНИЕ кожи в домашних условиях.

Когда, вы займётесь своим лицом?

Что важнее: ТОНУС ЛИЦА или морщины?

Согласитесь, ну какая ЖЕНЩИНА не МЕЧТАЕТ стереть с лица прожитые ГОДЫ? Желательно *без* уколов, операций и сложных косметологических процедур.

- За что вы возьмётесь в первую очередь?
- За *морщинки* или *тонус лица*?
- И в правду, с чего начать *омоложение кожи в домашних условиях*?

Для начала, давайте разберём механизм старения. В нашей коже живут особые клеточки - фибропласты. Они отвечают за выработку коллагена и эластина в коже. С возрастом фибропласты начинают лениться, меньше вырабатывают собственного коллагена. Каркас кожи постепенно сминается, тонус лица ухудшается, и здравствуйте морщинки.

Поэтому, важнее откорректировать работу фибропластов. Они, в свою очередь, займутся обновлением и увеличением свеженького коллагена. Чувствуете, где спрятан секрет молодости? Вот она цепочка. Фибропласты обновляют коллаген, который заполняет и разглаживает морщинки.

Возможно ли омоложение кожи в домашних условиях?

И, как добраться до загадочных фибропластов? Известно, что они подчиняются только особым генам в нашем организме. Учёные днём и ночью колдуют в лабораториях, разыскивая ген молодости. Чтобы взглянув в зеркало, Вы порадовались упругой, сияющей, нежной коже, как у младенца.

Представьте себе!!!! Нашли активный, омолаживающий компонент, который запускает генные процессы, ответственные за сохранение молодости. Теперь, есть, кому активизировать фибропласты.

Я имею в виду продукты растительной генной инженерии. Подарок матушки-природы для всех женщин. Они абсолютно безопасны, потому что состоят из растительных экстрактов. Волшебный крем творит ЧУДЕСА.

Тем более, что мы решили осуществить омоложение в домашних условиях. Приведя в порядок тонус лица, намного проще разглаживать морщинки.

Время исполнять желания пришло…….

Правильный МАКИЯЖ лица БЫСТРО.

Женщина БЕЗ макияжа - как кладка без штукатурки: СЕРАЯ Стена.

Всего ТРИ средства –

и Вы ВОСХИТИТЕЛЬНЫ всегда!

Недавно наткнулась на любопытное фото. Стилисты взяли обычных домохозяек. Немножко их «приукрасили». И получились фотомодели, вместо тётушек. Заставляет задуматься. Сегодня, чтобы стать красивой от силу неделя нужна. Любая станет красавицей. Абсолютно любая женщина.

Нет возможности сходить к стилисту? Вопрос решается намного проще, чем Вам кажется. <u>Правильный макияж лица сделать просто, легко и быстро.</u> Согласитесь, приятно ловить заинтересованные мужские взгляды. Намного приятней, чем чувствовать себя в офисе вместо мебели. Или на заводе. В общем, на людях.

<u>«Не бывает некрасивых женщин, бывают ленивые»</u> – говорила Коко Шанель. Понимаю, всё на Ваших плечах, но это не повод забыть, про себя. Тем более макияж можно сделать быстро. *За 5 минут*. Никогда не поверю, что у Вас нет несколько минут времени на себя. Правильный макияж лица способен скрыть недостатки. Подреставрировать вашу красоту.

В конце концов, если, Вы радуетесь своему отражению в зеркале – это Чудесно. Серости в жизни хватает и без Ваших хмурых лиц. Вы можете согласиться со мной, можете не согласиться. Но три средства обязана иметь каждая уважающая себя женщина:

1. <u>Тональное средство.</u> Сияющая кожа ровного цвета, залог успеха. Ваше лицо - как с обложки модного журнала. С помощью тонального средства или пудры разных тонов можно зрительно скорректировать лицо. Сделать так, чтобы из круглого, квадратного, прямоугольного или треугольного, лицо стало красивой формы. Хотите узнать как? <u>Заполняйте анкету. Вышлю инструкции на электронную почту бесплатно</u>. Наносить тональную основу можно просто пальчиками. К кисточке необходимо приспособиться, чтобы не переборщить с количеством тона.

2. Тушь для ресниц. Пару взмахов щёточкой. Взгляд победительницы, Вам обеспечен. Выбор тушей огромный. Прошли

времена, когда мы плевали в коробочку. Выбирайте с силиконовой кисточкой. Ресницы прокрашивать проще и лучше. Бывают универсальные кисточки с короткими и длинными щетинками одновременно. Вариант беспроигрышный. Какая - то из сторон обязательно подойдёт. Если интересно пишите, подскажу, где можно заказать. Цена более чем демократичная, не дороже 200 рублей.

3. Помада или блеск. Роскошные губы, которые манят и кружат голову мужчинам. Не любите помаду? Сейчас полно ухаживающих бальзамов с лёгким, прозрачным оттенком. Не увлекайтесь стойкими вариантами. Они сушат губы.

Быстро нанесли правильный макияж лица. А теперь представьте....Все вокруг говорят только об одном. Все смотрят на Вас! Они любуются Вами. Ведь вы – олицетворение всего прекрасного, естественного, гармоничного и роскошного.

5 минут в день, и золушка превращается в принцессу.

КАКОЙ самый ЛУЧШИЙ тональный крем?

Женщина без тоналки, как фотоаппарат без вспышки. Фотография, конечно, получается, но уже не высший пилотаж…..

Антивозрастной тональный крем – ключ к бархатной и свежей коже, нежнее, чем у персика…….УТОПИЯ?!?!

Прочитав эту статью от начала до конца, вы удивитесь. Возможно, Вы недооцениваете значение тональной основы и считаете, что она забивает поры, лицо перестаёт дышать. Раньше такое было сплошь, и рядом.

Сейчас только в 2 случаях:

- покупка в близлежащем переходе или непонятном ларьке. Странное, неопознанное качество. Но это, уже ваш выбор.
- тональная основа, хорошего качества, но не подходит Вашему типу кожи.

1. Какой самый лучший тональный крем?
2. И почему антивозрастной тональный крем, должен присутствовать в косметичке каждой, УВАЖАЮЩЕЙ себя женщины после 30?

Разберёмся с первым пунктом. Лучший тональный крем тот, который подходит Вашему типу кожи и возрасту. Допустим у вас сухая кожа. Вы по совету подружки берёте тоналку, которая безумно ей нравится. А у той, жирная кожа. Тональные основы для жирной кожи усилены специальными матирующими веществами, впитывающими в себя излишек кожного сала. Что в итоге получается. Эти вещества будут вытягивать из Вашей кожи жир, которого у Вас и так не хватает. В результате плохое настроение и пересушенная кожа, которую стягивает и тянет, как бельевую резинку. Первая мысль: « Для чего мне вообще нужна тональная основа»?

Кроме маскирующих свойств, хорошая тональная основа выполняет важнейшую функцию - она дополнительно защищает кожу. Посмотрите на свои руки и лицо. Там всегда больше морщинок, чем на теле. Тональная основа, как одёжка. Она удивительно эффективно, способна защитить ваше личико от окружающей грязи, обжигающих солнечных лучей и холодного ветра. Всего того, что старит Вас раньше времени. Вы же не ходите по улице нагишом? Почему про своё лицо забываете?

Самое главное, когда приходите домой тоналку важно смыть очищающим средством. И вы получите Потрясающего помощника в борьбе за продление молодости и красоты.

Кстати, проводили исследование, и учёные обнаружили ошеломляющий факт. Женщины, которые пользуются хорошей декоративной косметикой, выглядят на 7-10 лет моложе своих сверстниц, предпочитающих в качестве ухода:

« умыться и спать». В юности, эти 10 лет, как лёгкий насморк, не заметен. А вот после сорока, каждый отвоёванный год – кайф, словно в лотерею выиграл. <u>Завистливые взгляды подружек просто обеспечены.</u>

Антивозрастной тональный крем архиважно иметь в своей косметичке. Хорошие тональные средства богаты разглаживающими, увлажняющими компонентами. Два в одном. Как «киндер- сюрприз». Вы маскируете недостатки кожи, морщинки и одновременно разглаживаете их. Двойное преимущество перед подружками и соседками, считающими антивозрастной тональный крем, излишеством.

Ещё, я бы добавила в арсенал современной женщины: тушь и блеск для губ. Всего три продукта, которые подарят улыбку на губах, искорку в глазах и сияющую кожу. Только представите, как соблазнительно Вы выглядите. <u>Но это тема следующей статьи.</u>

<u>Какой самый лучший тональный крем</u>. И как правильно его выбрать:

1. Определите свой тип кожи. Если есть затруднения, пройдите простой <u>тест.</u>
2. Выбирайте тональную основу исходя из своего возраста и типа кожи. То, что нравится подружке, вариант для подружки.
3. Выбирайте производителя, который может похвастаться палитрой пробников. Так Вы можете попробовать разные варианты. Походить с ними целый день на лице. Почувствовать и понять, что нравится Вашей коже. Сэкономить деньги. Согласитесь жалко выкидывать деньги на ветер.
4. Если Вам всё- таки кажется, что тональная основа тяжеловата, выбирайте флюиды или муссы. Их конститенция более нежная, а свойства те же. Есть и совсем облегчённые варианты – дневные крема с тональным эффектом.

- Жидкие эмульсии подходят для молодой кожи, так как они не маскируют морщинки. Впрочем, их ещё и нет.

- Кремообразные с различными наполнителями (увлажняющие, стойкие, матирующие, лифтинговые, светоотражающие) подходят всем по типу кожи и решаемой проблемке.
- Сухие тоналки и крем - пудры предпочтительней для жирной кожи.

5. Можно попробовать наносить тональную основу влажной губкой. Так слой получается тончайшим и невесомым. Толстый слой мешает коже дышать. Делает её тяжёлой, некрасивой и грубой.

6. Проверить оттенок лучше на коже, над ключицей. Так точнее. Не хотите заморачиваться, тогда на внутренней стороне запястья, где нет вен и гладкая кожа. Цвет слоновая кость подходит большинству. Универсальный. Правило, чем светлее лицо - тем моложе женщина.

7. Ищите тональные основы с микропигментами, которые способны подстраиваться к оттенку кожи. Даже если немного промахнётесь с тоном, умная тональная основа исправит ваш недочёт.

Сомнения мучают Вас? Задайте вопрос и получите ответ по подбору подходящей тональной основы БЕСПЛАТНО.

Потратьте чуточку больше времени на правильный выбор тональной основы и наслаждайтесь ровной, атласной, восхитительной кожей.

Почувствуйте истинное блаженство, глядя на себя в зеркало.

«Я самая самая!»

Говорят, в каждой ведьме спрятана принцесса.

ПРАВИЛЬНЫЙ УХОД за КОЖЕЙ лица и СРЕДСТВА ухода помогут вам избежать мучительных поисков.

Решение написать эту статью, остро возникло у меня после чтения очередной анкеты, заполненной, читательницами моего мини-курса.

Оказывается, правильный уход за кожей лица для многих женщин неизвестен. Или далёк. Точно так же, как путь от Земли до Солнца.

Очень меня это расстроило, и я решила посвятить ещё одну статью этой теме. *Бесполезно* искать чудодейственные средства ухода за кожей лица, если азы ухода неверные. Конечно, с лица воду не пить. Но минимум знаний для поддержки красоты, женщине иметь желательно. *Согласитесь*, приятно получать комплименты от мужчин. В тысячу раз приятней, от подруги. Итак, в чём заключается правильный уход за кожей лица:

1. Очищение. Умывание утром и вечером. «Водичка, водичка, умой моё личико». Замечательная потешка для малышей. Может она и вводит в заблуждение. Утром необходимо смыть сало, накопившееся за ночь. Вечером сало, грязь и остатки косметики, скопившиеся за день. *Одной водой толку мало*. Вряд ли вы тщательно очистите кожу. Вспомните, каким противным, жёлтым налётом покрывается сливочное масло. Или попробуйте вымыть одной водой жирную сковородку. Умываясь, только водой, с таким же налётом на лице, Вы ходите днём и спите ночью. Потом удивляетесь, откуда появляются прыщи, покраснения и шелушение. Средства ухода за кожей лица включают в себя специальные очищающие средства: гель, молочко, пенка, лосьон. В зависимости от типа кожи и подбираются индивидуально.

- Мыло это убийство кожи. Оно портит, сушит и добавляет морщин. Даже, если в рекламе говорится, что оно на треть состоит из увлажняющего крема. Остальные 3/4 - это щёлочь. Которая напрочь сдирает защитный слой кожи. Кожа становится абсолютно голой и беззащитной перед окружающей средой. Пока есть запас прочности, кожа с этим справляется. Потом всё скопом вылазит наружу.

И начинаем в ведьме искать принцессу.

Встречаются счастливицы с отменной генетикой, которые могут позволить ничего с собой не делать. И выглядеть потрясающе, как голливудские красавицы. Правда, их мало. Поэтому пополните свою косметичку молочком, для сухой кожи. Гелем для жирной кожи. После 30 лет эффективнее использовать молочко. Кожа с возрастом теряет больше влаги и становится суше. Молочко ей больше понравится.

- Второй этап очищения – тоник. Лучше, если тоник и умывалка будут из одной серии. Для чего тоник? Без него никак. Он удаляет остатки очищающих средств. Подготавливает кожу к нанесению крема. Потому что во влажную кожу, крем лучше впитывается. Плюсом тоник закрывает открытые и очищенные при умывании поры. Конечно, поры и без тоника закроются. Только намного позже и до этого времени успеют нахвататься грязи. Вместе с ней и закроются.
- Двухэтапное очищение - это вполне объяснимый технологический процесс. Кому лень, так заботиться о себе любимой, после 50 лет, будут выглядеть, как большинство тёток. То есть никак.

Молодая красивая женщина это чудо природы. Немолодая красивая женщина это чудо искусства и работы над собой.

Успеете ещё бабулями стать. Два средства по уходу за кожей, решают практически все проблемы. Вода и мыло НЕТ!!!

2. Правильный уход за кожей лица предполагает использование специальных кремов. Меня просто поражает, когда женщины пользуются детским кремом и после 30, и после 40, и после 50. Как так? Я согласна он хорошо увлажняет. Сама им как то пользовалась. После питерских ветров, кожа на лице покрылась коростами. Ни один крем не брал. Детский крем, прекрасно справился. Решила проблему и сторону

его. Ну, нет у него больше никаких особых чудесных свойств. Его задача кожу малышей защищать от опрелостей, сухости и раздражения. Малышка вырастает и ей нужна совсем другая косметика.

- Процесс старения кожи начинается после 20-25 лет. И если задача молоденьких девушек тщательно очищать кожу. Этого достаточно. То после 25 лет уже полным ходом идут возрастные изменения в коже. Как корабли в море. Появляются первые морщинки, накапливается пигментация. Неведомо откуда нарисовывается носогубная складка. Маховик старения кожи набирает обороты. Рассчитывать, что малышовый крем - спасёт, просто глупо. Обидно, наверное, такое читать. А как ещё донести, что в каждом возрасте свой уход. Эксклюзивный. Индивидуальный. И только для вас.

Бархатисто-нежная кожа доступна всем. Поэтому дневной крем, чтобы защитить кожу днём. Это ПИТЬЁ для кожи. И ночной, чтобы накормить вкусненьким ночью. Сами знаете, как вечером кушать хочется. После таких подарков, кожа отблагодарит вас сиянием, свежестью и безупречным видом.

Согласны вы со мной, или не согласны, решайте сами. Минимум 4 средства по уходу за кожей лица, должна иметь каждая, любящая себя, женщина. Четыре баночки – это разве много? *4 баночки - ваше секретное оружие молодости и преимущества перед подружками.*

Устраните недостатки сегодня, чтобы выглядеть молодо завтра.

УХОД за кожей лица ЗИМОЙ.

Секреты женской КРАСОТЫ Клеопатры.

Что делать сегодня, чтобы всегда выглядеть намного моложе своих сверстниц?

Уход за кожей лица зимой имеет свои нюансы. Холодные ветра, резкая смена температуры в помещении и на улице, отопление – всё это *помогает* Вашей коже приобрести серо-пепельный цвет и шелушиться. Руки становятся похожими на наждачную бумагу, ну а губы противно сохнут и просят, чтобы их хоть чем – нибудь смазали. Знакомая картина. Не так ли?

Что делать? Эффективны ли секреты женской красоты Клеопатры, сегодня? Греческая царица, как Вы понимаете, жила совсем в других климатических условиях. Но общее есть. И в этой статье я покажу УДИВИТЕЛЬНО простые и ПОРАЗИТЕЛЬНО результативные рецепты, которые позволят Вам сиять, подобно звезде на небосклоне.

- Клеопатра заботилась о постоянном увлажнении кожи лица и тела. Песчаные или зимние ветры, без разницы какие, беспощадны к коже. Они высушивают и постепенно превращают её в кусок пергамента. Поэтому, больше внимания уделяем питанию кожи, независимо от возраста и типа кожи. На ночь используем насыщенный питательный крем. Он действует, как маска и насыщает кожу влагой и питательными веществами. Помогает удерживать влагу в коже весь следующий день.
- И конечно же, знаменитые молочные ванны Клеопатры. Добавьте в ванну литр теплого молока, полстакана мёда и пару столовых ложек оливкового масла. Вы поразитесь насколько нежной, гладкой, словно натуральный шёлк, станет Ваша кожа. Если сложно сделать целую ванну, побалуйте руки молочной ванночкой (1 стакан горячего молока, 1ст. ложка мёда, 1 чайная ложка оливкового масла)

- А для лица делайте маску 2-3 раза в неделю

1. Можно с картофелем.
2. Можно с овсяными хлопьями. Перемалываете в блендере 2 ст. ложки хлопьев, добавляете сразу же 4 ст. ложки горячего молока. Как только, немного остынет толстым слоем на лицо на 20 минут. Смыть тёплой водой. *Прекрасно избавляет от жирного блеска и придаёт коже благородную матовость.*

3. Сладким угощением для кожи станет маска из 1ст. ложки мёда + 3-5 ст. ложки молока. *Если нет возможности найти натуральное молоко, покупайте магазинное, но с самым высоким процентом жирности.*

- Перед принятием ванны прекрасно, если Вы используете скраб. Секреты женской красоты Клеопатры заключались в регулярном удалении отмерших клеток, которые как панцирь, препятствуют поступления полезных веществ в кожу. 200гр. морской соли и чашка сливок сделают кожу атласно гладкой и сказочно великолепной.

- Зимние холода *способствуют* увеличению отмерших клеток. Отсюда, тусклый цвет лица. Выбирайте формулы скраба с мелкими гранулами. Используйте 1-2 раза в неделю. Чаще - вредно. Избыточное отшелушивание открывает путь болезнетворным бактериям.

- Ещё одно чудесное средство использовала Клеопатра - сок свежего алоэ. Смешивала его с розовой водой, мёдом и жиром. Можно конечно сделать и дома такой крем, но честно говоря, мне лень так заморачиваться. А Вам? Предпочитаю натуральную, готовую косметику. Где и как купить, я писала в своей статье.

- С соком алоэ можно сделать косметический лёд. Смешайте в равных пропорциях воду и сок из старых листьев (именно нижние, немного подсохшие листья алоэ насыщены полезными веществами). Заморозьте в кубики и протирайте утром лицо после умывания. Наслаждайтесь полученным результатом.

ХОРОШАЯ новость. Те женщины, которые ухаживают за лицом, после 40 выглядят намного моложе своих сверстниц. Как говорится: «Женщина свои года не считает, за неё это делают её подруги». По молодости это может и не актуально. Но вот в сорок приобретает особый смысл. В возрасте особенно хочется выглядеть ФАНТАСТИЧЕСКИ великолепно.

Фразы: «Как это тебе удаётся?»- ласкают слух и радуют, как первое весеннее солнышко.

- Эластичной, гладкой кожа выглядит после глиняной маски. Фирменный рецепт древней соблазнительницы. Смешайте в равных пропорциях белую глину, сметану и мёд. Добавьте сок лимона. Нанесите на 15-20 минут. Дольше вредно. Глина начинает вытягивать из кожи обратно влагу и сушит её. Вот так вот: « шаг вправо, шаг влево - расстрел».

Используйте секреты женской красоты Клеопатры. Отнеситесь к ним творчески. *Красота это вдохновение.* ВДОХните жизнь в вашу кожу.

И помните, что самый правильный и простой уход за кожей зимой заключается в достаточном употреблении воды, которая поддерживает необходимый уровень увлажнённости кожи. 6-8 стаканов - доступно, как 5 копеек.

Когда женщина становится красивой, большинство проблем отпадают сами собой.

НАТУРАЛЬНЫЕ маски из картофеля для ЛИЦА.

Ваша кожа устала и ей хочется чего-то домашнего?

Салонная процедура у Вас дома!

Сегодня прилавки завалены косметикой. Глаза разбегаются, не знаешь, что выбрать. Но больше всего кожа обожает НАТУРАЛЬНЫЕ маски для лица. Именно домашние. Сделанные, с любовью и заботой. Свеженькие, как утренняя роса на лугу.

Маски из картофеля, пожалуй самые доступные и любимые для лица.

1. Отварите картофелину. Разомните её в пюре.
2. Разбавьте картофельное пюре до состояния густой сметаны. Начинки могут быть разные: Сливки, Оливковое масло, Яичный белок, Сметана, Молоко. Попробуйте их по очереди. Посмотрите сами, что больше нравится Вашей коже. Натуральные маски из картофеля обладают ПОТРЯСАЮЩИМ омолаживающим эффектом для лица.
3. Для этого накладывайте маску послойно, каждый новый слой наносите после того, как первый подсохнет. До тех пор, пока на лице не получится толстенький слой маски. Так она намного больше пользы принесёт вашей коже. Полежите, отдохните с маской на лице минут 15-20. Затем смойте тёплой водичкой и нанесите крем.
4. Вы сами почувствуете, как подтягивается Ваша кожа. Словно, вы только, что вышли из салона после подтяжки лица.

Какова цель салонной процедуры? Чтобы Вы, встали с кушетки и увидели в зеркале Свеженькое, Отдохнувшее, Подтянутое, Сияющее лицо. Такого чуда Вы вполне можете добиться дома, если не будете лениться.

Окружите свою кожу нежной заботой, и она обязательно ответит здоровьем и красотой.

Понимаю. Некогда. Неохота. Устали. Забегались. Для Вас тоже есть природное волшебство в маленькой баночке

Мыши плакали, кололись, но ели кактус. Зачем мы себя так МУЧАЕМ. Чем ЗАМЕНИТЬ салонные процедуры для лица **дома** и избежать побочных эффектов после посещения салона?

Абсолютно все *салонные процедуры для лица* имеют противопоказания и побочные эффекты. Потому что большинство процедур проводится с нарушением кожного покрова. Как правило, о последствиях замалчивается. Или упоминается вскользь. Почему? Ответ простой.

Косметологический бизнес - дело прибыльное. В этой статье рассмотрим популярные пилинги.

Пилинги – это очищение или удаление верхнего ороговевшего слоя, который мешает обновлению и восстановлению кожи лица. Различают:

1. Механический пилинг (броссаж, вакуумный, ультразвуковаой, микродермабразия) Механическое удаление ороговевшего слоя.
2. Физический пилинг (лазерная обработка, криотерапия) Воздействие температурой. Расщепление клеток теплом или холодом.
3. Химический пилинг (воздействие кислотами разной концентрации) Растворение и сжигание ороговевшего слоя.

Пилинги различаются по глубине воздействия на слои кожи.

- Поверхностные, которые очищают верхний слой кожи. Эпидермис. Самый безболезненный.

- Срединный воздействует на второй слой кожи. На дерму. Как правило проводится кислотами, для того чтобы обновить покров кожи. Травматичный способ. Период восстановления около месяца.

- Глубокий пилинг - происходит на самом глубоком слое кожи. Ожог лица. Проводится в клиниках. Восстановление до года.

Задача любого салона:

1. Сделать вас ослепительно красивой за одно посещение. С этим он, безусловно, справляется.
2. Сделать Вас постоянным клиентом, и как это ни печально зарабатывать на вас. Одна процедура цепляет за собой другую,

потому что-то лечится. И, к сожалению, попутно калечится.Требует восстановления.

Салонных процедур без побочных воздействий нет.

У пилингов – это болезненность, покраснения, провоцирование пигментации и чувствительности кожи. И самое главное – нет вечного эффекта.

Как правило, сейчас такая тенденция: «Я сейчас так обойдусь, потом пойду в салон. Что-нибудь с собой поделаю, поколюсь и снова красавица»! На короткое время без сомнений. Без поддержания и грамотного ухода, абсолютно все проблемы возвращаются как бумеранг, обратно.

Конечно, есть объективные показания к посещению салона. Их никто не отрицает. И есть ситуации, когда помочь может только квалифицированный специалист.

Но в 70% случаев салонные процедуры для лица вполне можно заменить грамотным домашним уходом.

Дикой необходимости в посещении салона нет. Реально подобрать результативные схемы применения средств по уходу за кожей. Получить такой же салонный эффект, но только дешевле в 5-10 раз.

Решить проблему с акне, с морщинками, упругостью кожи, пигментацией, куперозом. Выглядеть сногсшибательно, как будто вы, частый гость салона. И всё это на одном домашнем уходе.

Как это сделать? Заполнить анкету и получить БЕСПЛАТНО индивидуально подобранную схему домашнего ухода.

При условии соблюдения схемы, результат *гарантирован*.

Как сохранить МОЛОДОСТЬ кожи?

ВИТАМИНЫ Молодости.

ВИТАМИНЫ для Красоты.

Важны ли они?

Представьте, что ЗАВТРА Ваши морщинки разгладились.

Волшебство случилось на ваших глазах.

Невиданное. Удивительное. Впечатляющее.

Мысленно перенеситесь на 10 лет вперёд. Вы смотрите на себя в зеркало. Что вы видите? Усталое, замученное, затюканное лицо? Или уверенную в себе женщину, которая выглядит рядом со своими детьми, скорее Старшей Подругой, чем представительной мамой?

Какое отражение Вы желаете? И КТО решает, что Вы увидите? Прочитав эту статью, Вы узнаете о новых способах, как сохранить молодость кожи. Оказывается, уже придуманы удивительные ВИТАМИНЫ Молодости, ВИТАМИНЫ для Красоты.

Давайте разберёмся, откуда появляются морщинки. <u>Особенно, печально, когда намного раньше, положенного возраста.</u> Посмотрим на тепловую электростанцию.

Что за бред, подумаете Вы. Что между ними общего?

Работа теплоэлектростанции и появление морщин очень похожи. Когда знаешь причины, проще с ними бороться. Согласны?

Чтобы станция работала ей необходимо топливо. Чтобы жили Вы, другое топливо – кислород. Не будем вдаваться в сложные процессы. Вдохнули жизнь, выдохнули отходы. Так устроены Вы. Отходы копятся в течение жизни и старят тело. Плюсом добавьте ужасную экологию, чрезмерное увлечение загаром, стрессы и неправильное питание. Не верите?

Взгляните на свои руки и лицо, там больше всего морщин, потому что они чаще всего, на улице открыты.

Вредные отходы организма и окружающей среды – это свободные радикалы. Именно они, снаряды старости, разрушают Ваше тело. И в первую очередь атакуют кожу - самый большой орган. Разрушают коллаген, каркас кожи. Кожа теряет упругость, проваливается, сминается, как старый, продавленный матрац. Так и появляются ненавистные морщины.

Подумайте, возможно - ли только одним кремом восстановить, нарушенный изнутри каркас? Тут нужны дополнительные, результативные помощники.

Антиоксиданты.

Они способны нейтрализовать и обезвредить радикалы, за счёт изменения состава клетки.

Антиоксидантами богаты фрукты, овощи, зелень. Плоды какао, зеленый чай. Лосось, форель, кета.

Итак, как сохранить молодость кожи?

Решение проблемы перед Вашими глазами. Получить дневную норму антиоксидантов можно двумя способами:

1. Каждый день съедать по килограмму фруктов, овощей или зелени. Или порцию дикого лосося. Именно дикого, потому что лосось, выращенный в искусственных условиях беден на антиоксиданты.

2. Принимать специальные биологические добавки из водорослей. Волшебные пилюли. Витамины молодости. Витамины для красоты.

Только представьте. Вам, по – прежнему …. лет. Но этим утром ваши глаза, скрывают Ваш возраст. Вы наслаждаетесь своим отражением в зеркале. Какое блаженство выглядеть моложе, рядом со своими подружками. Это реально.

ДОМАШНЯЯ ЭФФЕКТИВНАЯ ДИЕТА.

Что бы такого съесть, чтоб Похудеть?

5 правил для стройной фигуры.

Секрет, как не пользоваться словом «ДИЕТА»

Любая, даже самая худая женщина мечтает сбросить ЛИШНИЙ Вес. Он нам мешает. Он ПОРТИТ нам настроение. Он делает нас неуверенными в себе.

Вы не поверите своим глазам, когда Ваш вес начнёт уходить, после выполнения этих правил. Слышали: " Всё гениальное -просто". Это правда.

Мы готовы сидеть на одной воде, для того, чтобы приблизиться к своему идеалу. Кстати о воде. Самая эффективная домашняя диета, бесполезна, если вы пьёте мало воды. Почему?

Наверняка, Вы слышали такие слова: «Пить воду, за полчаса до еды». Слышать то, слышали. Вот только делать……….. Как то всё некогда, да и непонятно зачем. Какой смысл пить, когда «сосёт под ложечкой».

Оказывается, мы с возрастом утрачиваем способность слушать и понимать свой Мудрый организм. Он нам подаёт сигналы, о том, что хочет ПИТЬ. А мы, почему то решаем, что у нас разыгрался аппетит. И вместо того, чтобы напоить себя, пичкаем едой. Хотя достаточно было выпить воды и подождать минут 15-20. Чувство голода в половине случаев пропадает. Взаимосвязь, думаю, понятна – меньше съели, меньше набрали лишнего.

Вода перед едой нужна совсем не для того, чтоб залить желудок и «сожрать» поменьше. Сложно понять сигналы. Опытным путём проверяем.

1 правило. Покушать всегда успеем. Сначала пьём воду. Не сок, не компот. Обычную воду.

2 правило. Едим часто. 5-6 раз в день. Не обязательно, каждый раз до отвала. Это необходимо, для того, чтобы обмен веществ ускорялся, и организм быстро всё переваривал. Замечали, наверное, худышки постоянно, что-то жуют и хоть бы где отложилось. Когда едим один, два раза в день – это плохо.

Мудрый наш организм на всякий случай, начинает откладывать всё про запас. Вдруг Вы больше никогда не будете кушать. Кто знает, что ещё взбредёт в Вашу умную головушку. Вот он и старается сохранить Вам жизнь. Тут даже от воды можно поправиться.

Посмотрите, на свой кулачок. Вот она Ваша порция еды, не ошибётесь.

3 правило. Вечером полезнее творожок, кусок нежирного мяса. В общем, белок. Женский организм, хитрая штука. Сделан так. Все углеводы вечером, автоматом превращаются в ЖИР. Даже просто яблочко. Такова наша природа......

4 правило. Идеальный вариант конечно регулярные тренировки. Тут уж у кого насколько хватит силы Воли. Начните с прогулок. Полчаса в день. Пешочком. Ваше тело, скажет вам спасибо. Меньше будете расстраиваться в примерочной кабинке.

5 правило. Решите, для чего Вам нужно скинуть лишний вес. Пока не поймёте, худеть бесполезно. Всё в Вашей голове. Подумайте. Могу немного помочь. Вы же хорошо знаете свой лишний вес. Например, 10 кг. Теперь представьте. У вас на плечах две 5-литровые бутылки с водой. Всегда. Вы спите, едите, гуляете. А они всегда с Вами, родные. И охота Вам таскать такую ТЯЖЕСТЬ?

Итак, Вы рассчитываете, что очередная эффективная домашняя диета поможет. Запомните. Ограничивать себя всегда сложнее, чем соблюдать простейшие правила. Начните с этих пяти.

Как КУПИТЬ КОСМЕТИКУ для ЛИЦА через ИНТЕРНЕТ?

Почему я перестала покупать в магазине,

или сохраните своё Здоровье и Кошелёк.

Самые распространённые покупки у нас по пути. Так намного проще. Увидел, захотел, купил. Я раньше так и делала. Как в прочем и большинство.

Времена меняются. Шопинг изменился. Встаёт другой вопрос.

Как купить косметику для лица через интернет?

Безопасно? Доступно? Гарантировано?

Как вы считаете, приятно, иметь возможность:

- Перед покупкой почитать советы, рекомендации, отзывы.
- Поискать варианты со скидками и СЭКОНОМИТЬ 500, 1000, 3000 рублей и больше.
- <u>Выбрать то, что действительно необходимо.</u> Чтобы потом не чесать затылок. И зачем я столько набрала?

Согласитесь вы со мной или не согласитесь, но есть ещё несколько причин, которые тормозят меня совершать покупки по пути. Зная их, у меня моментально *пропадает* желание купить косметику для лица в магазине.

1. Начну с того, что сама раньше работала в магазине. Знаю процесс появления цены на ценнике. Всегда удивлял такой момент. Чем дороже люди покупали, тем больше радовались и гордились. Как дети новой игрушке. Один и тот же продукт мог стоить 1000 или 5000 рублей в зависимости от наценки и ситуации в магазине. Брали за ту и другую цену. Один и тот же товар?!?!?!!!!

Переносим это на косметику. Вы же не ходите с ценником на лице от дорогущего крема. И уж тем более женщины 40 +, вряд ли хвастают направо и налево, каким супер-пупер кремом от морщин пользуются. Зачем? Не принято. Как говорится результат налицо. Точнее на лице. Тут ценники не нужны. Итог важнее. Красивая женщина радует мужской взгляд, некрасивая женский. Цена и гарантия результата лежат в разных измерениях. Эффект косметики - зависит от производителя. Цена от того, сколько хочет заработать магазин. Сами понимаете, всегда хочется больше денег.

2. Следующая причина тоже связана с вопросом наценки. В цену каждой баночки закладываются дополнительные расходы. Аренда помещения (чем круче магазин, тем дороже). Работа продавцов, грузчиков, охранников, водителей, бухгалтера, директора. Список можно до бесконечности продолжать. Плюс прибыль. Никто так просто не будет работать. Плюс транспортные расходы, плюс реклама. В общем, список ОГРОМНЕЙШИЙ. С трёх раз догадайтесь, кто всё оплачивает? Покупатели естественно. Поэтому, когда я смотрю на баночку в магазине, у меня возникает вопрос: «*Сколько я плачу за сам крем? И сколько за всё остальное...*»?

3. По поводу здоровья. Только ленивый, сейчас не говорит о море подделки в наших магазинах. Просмотрите прессу фактов предостаточно

4. Можно ещё написать с десяток недостатков быстрой покупки. Но мне, уже этих с лихвой хватает.

Теперь вернёмся к нашей острой проблеме. *Как купить косметику для лица через интернет.* Как не наступать на те, же грабли, что и на ЗЕМЛЕ.

1. Избегайте интернет - магазинов перекупщиков. Иначе Вы будете точно также оплачивать услуги посредников. Немного меньше конечно. Но всё же. Главное правило, чем меньше посредников между Вами и производителем тем, дешевле и выгоднее для Вас.

2. Выбирайте официальные интернет – магазины от производителя. Частенько здесь присутствует заключение договоров для розничного покупателя. Стандартные, простенькие договоры купли - продажи. Обращайте внимание на то, чтобы там не было привязки к обязательной ежемесячной сумме покупки. Бонусом, у Вас появляется дополнительная гарантия от подделки. Согласитесь, производитель свой товар не подделывает. Смысла нет.

3. Обращайте внимание на способы доставки выбранного товара. Даёт ли производитель гарантию качества. Какую ответственность готов взять на себя. Конечно, по закону косметика не подлежит возврату и обмену. Но сервис улучшается. Есть

производители, предоставляющие покупателям большее количество услуг, возможность возвратов, скидок и подарков.

4. Чтобы не промахнуться с выбором, ищите косметику с пробниками. Особенно актуально для декоративной косметики. Можно протестировать. Если пробник не подошёл вернуть основной товар. Так Вы сэкономите свои деньги. Сохраните нервы в порядке. Не будет повода расстраиваться из-за неподходящей покупки и потраченных деньгах.

5. Выбирайте формы оплаты при получении. Гарантия того, что Вы действительно получите товар.

Интересно узнать больше, о том, как купить косметику для лица через интернет? Задавайте вопросы. Совершать онлайн - покупки сегодня легко, доступно и выгодно.

Меньше затрат, больше удовольствия!

Подделка косметики!

ФРАНЦУЗЫ бы повесились….. Вымыть голову и остаться с волосами.

На днях с подругой зашли в магазин.

Подделка косметики буквально на каждом шагу.

Я давно уже не покупаю себе косметику в магазинах. В любых. Мало радости вымыть голову и остаться без волос. Или с волдырями на лице.

Если раньше это не бросалось в глаза, то сейчас невооружённым глазом видно – подделка. Косметики полно на прилавках. Если бы *французы увидели этот тюбик*……Сто пудов, на месте бы повесились. А также итальянцы, англичане……..

. А народ ничего «хавает», покупает и не заморачивается. Ну как так? Подумайте о себе, о своей семье. Это же ваше здоровье, ваша жизнь.

В последнее время такое чувство, что раком *болеют* сплошь, и рядом. Как насморк уже становится. Откуда это всё берётся? Конечно не от того, что вымыл пару раз голову левым шампунем. Тут непонятный шампунь, там левый крем, здесь помада со свинцом. С миру по нитке и пожалуйста, букет болячек на ровном месте.

Сами себе купили кучу проблем. Бред. Надежда на то, что авось пронесёт, начинает хромать, как больная лошадь.

- Хочешь жить дольше?
- Здоровым?
- Без больниц и аптек?

Думай, что и где покупаешь. Подделка косметики - прибыльное дело. Здоровье покупателя, дело десятое. Но с этим можно бороться.

Уход за проблемной кожей лица.
Три ошибки, которые только увеличивают ПРЫЩИ.
Какое самое лучшее средство от прыщей?

Грамотный уход за проблемной кожей лица способен избавить от таких прелестей жизни, как прыщи, высыпания и чёрные точки. Обладатели такого типа кожи, одержимые борьбой с прыщами допускают ошибки. Которые только ухудшают ситуацию. Эта борьба начинает напоминать бег по замкнутому кругу. И , даже самое лучшее средство от прыщей бесполезно.

Подавляющее количество прыщей появляются из-за закупорки протоков кожи жиром, отмершими клетками и ростом бактерий. Конечно, есть ещё и другие объективные факторы.

Но некорректный уход за своим лицом, любую кожу может сделать проблемной.

1. Первая ошибка – банальна до безобразия. Плохое очищение. Уход за проблемной кожей лица заключается в тщательном умывании. Утром и вечером. С гелем или пенкой. Одна вода, здесь бесполезна. Попробуйте жирную, сальную сковородку отмыть водой.

- Пробовали?
- Получается?!?!?

Тогда, можете дальше не читать и не верить моим советам. Они вам не помогут.

После умывания с гелем, протрите лицо тоником. Он закроет очищенные поры. Меньше грязи и бактерий попадёт в кожу, соответственно меньше прыщей. Более подробно об умывании здесь

2. Вторая ошибка, уход без крема. На влажное лицо, после тоника, нанесите увлажняющий крем. На сухое лицо наносить бессмысленно. Мало, что дойдёт по назначению. Самая большая беда для вашей кожи – это чрезмерноеиспользование подсушивающих средств. Каждый прыщик безжалостно подвергается атаке спиртовых растворов.

В итоге кожа чрезмерно высушена. И чтобы хоть как-то выжить сама себя начинает смазывать кожным салом, которое вырабатывает дополнительно в большем количестве. Видите, получается замкнутый круг. Поэтому старайтесь спиртовые растворы использовать по минимуму. Смазывать прыщи локально. Избегать обильного протирания всего лица.

Проблемную кожу лица необходимо увлажнять постоянно. Потому что клеточки кожи в результате достаточного увлажнения, перестанут выделять с удвоенной силой кожное сало. Оно со временем станет более жидким. Перестанет закупоривать поры. Увлажнение и ещё раз увлажнение.

На ночь используйте антибактериальные кремы, хорошо с AHA - кислотами. Например, с салициловой кислотой. Она будет:
- растворять верхний омертвевший слой клеток,
- препятствовать застаиванию сала,
- размягчать комедоны,
- сокращать поры.

В кремах AHA - кислоты действуют намного эффективнее, для их работы нужно время. Ночное, как раз подойдёт.

3. Регулярно удаляйте старый слой кожи с отмершими клетками. 1-2 раза в неделю пользуйтесь скрабами. Забудьте про скрабы с натуральными частицами. Их острые края травмируют кожу. Предпочтительнее с искусственными микрогранулами. У них

круглые гладкие края. Или поверхностные химические пилинги. Ошибка - избегать скрабирования.

<u>Отмершая кожа:</u>

- рассадник прыщей
- превосходно задерживает кожное сало
- увеличивает количество чёрных точек

Получается, что *<u>самое лучшее средство от прыщей</u>* –

- умывание, очищение
- тонизирование
- увлажнение
- скрабирование.

Самые обычные этапы, которые подразумевают уход, не только за проблемной, но из любой кожей лица.

Для чего лихорадочно перебирать одно средство за другим? Решение вот оно. На поверхности. Необходимо набраться терпения. Выполнять все этапы. Без пропусков

Кожа обновляется минимум за 30 дней, полностью за три месяца.

Попробуйте. Это просто. Доступно. Эффективно.

Когда в последний раз, вам говорили: "Выглядишь ПОТРЯСАЮЩЕ"!!!!

Почему российские женщины СТАРЕЮТ быстрее? Пользоваться ли косметикой вообще...

С какого возраста?

Случайно увидела результаты исследования по уходу за кожей лица. В нём принимало участие 2 000 российских женщин. Результаты пугают. *Российские* женщины *стареют* намного *быстрее*, чем жительницы Европы и Америки. Причин много. Главная ошибка заключается в том, что основные способы ухода:

- умывание с мылом
- протирание лица кубиком льда
- маски из кружочков огурца, ну или других овощей, фруктов.

Это очень грустно, потому что сами себя портим. Мыло – расстрел для кожи. Оно разрушает её защитную функцию. Даже если на 50% состоит из увлажняющих компонентов. Задумайтесь. Из чего состоит оставшаяся половина?

Постоянное протирание льдом, приводит к испарению влаги с поверхности кожи. В результате она становится очень сухой.

Натуральные маски из овощей и фруктов – конечно замечательно. Наиболее результативны они в августе, сентябре. Пока, свеженькие.

Согласитесь, зимой огурцы, только внешне похожи на себя. Ни вкуса, ни запаха. Наличие витаминов вызывает сомнения. А у вас?

Что получается, вроде бы и ухаживаем за кожей лица. <u>А в итоге больше сушим.</u> Отсюда и раннее старение. Хотя после 30 рассчитывать только на увлажняющие крема бесполезно. В этом возрасте архиважно иметь в своей косметичке антивозрастные крема. Просто необходимо грамотно их применять.

Давайте по порядку. Пользоваться ли косметикой? И с какого возраста начинать?

1. Очищение с 14 лет
2. Тонизирование с 14 лет
3. Увлажнение с 14 лет
4. Питание с 25 лет
5. Уход за кожей вокруг глаз и губ с 18 лет
6. ДОПОЛНИТЕЛЬНЫЕ СРЕДСТВА:

- антибактериальные с 13-14 лет
- восстанавливающие с 25 лет
- защитные с 14 лет
- питательные и увлажняющие с 18-20 лет
- отшелушивающие и очищающие с 18-20 лет
- космецевтика по проблеме с 20-25 лет

Главный секрет косметологов - ранний правильный домашний уход позволяет намного дольше обойтись обычными средствами. Сохранить молодость кожи очень надолго.

Про этот секрет говорят постоянно.

- Почему, тогда перебираем средства?
- Пытаемся найти чудодейственное?
- Победить морщинки?

Не верю, что ларчик просто открывается?! ДОМАШНИЙ уход реально СПОСОБЕН заменить салон красоты. Даже если вам уже 40 +

Уход за сухой кожей лица. Правильный уход любую золушку ПРЕВРАЩАЕТ в королеву.

В каком возрасте идёт пик старения кожи?

Всегда думала, что в интернете завал информации. Но на мою почту постоянно поступают анкеты. И каждая вторая с повторяющейся проблемой. Поэтому решила написать ещё одну статью.

Оказывается уход за сухой кожей лица - актуальнейшая тема.

Легко выглядеть привлекательно в юном возрасте. Нежная кожа, свежий румянец. Восхитительно. Сложнее это сохранить. Но реально. Правильный уход за кожей лица творит *чудеса*. Многие не верят. Зря. Любую кожу можно испортить. Если плохо ухаживать за ней. И наоборот. Любая кожа поддаётся корректировке. Важно понимать и соблюдать правила. Поэтому две новости:

- Плохая – кожа стремительно стареет в период с 25 до 35 лет. Просто это поначалу незаметно. Дальше процесс замедляется.
- Хорошая – правильный уход за кожей лица, особенно с 20-25 сделает так, что вы всегда будете выглядеть намного, намного моложе своих подруг. И сверстниц. Ну что за радость соревноваться с подростками. *Больше кайфа, светиться на фоне одногодок.* Говорить, конечно, не принято, но чувствовать приятно. Отвлеклась.....

Итак, уход за сухой кожей лица:

- Утро - умывание с молочком. Любите умываться с большим количеством воды? Пожалуйста. Молочко наносите прямо на лицо. Помассировали немного, растворили накопившийся за ночь жир и смыли водичкой. Это обязательно. Даже самая сухая, пересущенная кожа выделяет кожное сало и остатки ночной жизнедеятельности. Это мы дрыхнем. Организм не дремлет. Восстанавливает за ночь, всё что может.
- Потом тоник. Протираем лицо. Если уж совсем считаете тоник — роскошью, хотя бы минералкой сбрызните лицо.

Это два самых главных этапа в уходе за сухой кожей лица. В прочем и за любой другой. Если вы их благополучно пропускаете, кремом можно не пользоваться. Нет особого смысла. Деньги на ветер.

- Критично наносить крем на влажное лицо. В сухую кожу мало впитывается. Пользы минимум. Согласитесь, это просто. Запомнить маленькие нюансы.

Крем увлажняющий. При активном солнышке, с SPF - фактором выше 15. Солнце замечательно сушит кожу, а также ветер и холод. Наши постоянные друзья круглый год. Дневной крем — лучший защитник. Выбирайте крема для сухой или чувствительной кожи. Обращайте внимание на этикетки. Нужен совет?

- Вечером повторяем утренние процедуры. В том же порядке. Если пользуетесь декоративной косметикой, сначала используйте специальное средство для удаления макияжа. Потом всё также. Молочко, тоник, крем. За час до сна. Всё лучшее, что мы можем сделать для своей кожи – это накормить её как следует на ночь. Благодарность увидите утром. Потому что ухоженная кожа порадует вас.

Питательный крем тоже выбирайте для сухой или чувствительной кожи. Насыщенный крем, действует как маска и удерживает в течение следующего дня влагу в коже.

- Помним об отшелушивании. Омертвевшая кожа провоцирует излишнюю пигментацию. Зачем вам дополнительные расстройства? Поэтому пилинг 1 раз в неделю. Очень деликатный. Бережный. Биоэнзимный или поверхностный химический пилинг. Забудьте, про натуральные косточки. Острые края только травмируют кожу. Хотя звучит красиво. Когда пишут натуральные косточки миндаля.
- И маски. Увлажняющие и питательные. 2 раза в неделю. Можно из подсобных продуктов. Маски из картофеля великолепно увлажняю кожу.

Хотя, честно признаюсь, я лентяйка. Лень делать и время жалко. Поэтому беру всегда готовые средства. Когда понадобится совет, напишите. Как найти меня, знаете.

P.S. Хоть я и лентяйка. Молочко, тоник, крема, пилинг и маска в моей косметичке поселились навсегда. А у вас?

Лечение купероза в домашних условиях.
Возможно, ли убрать купероз?
Какие средства способны решить эту задачу?

Возможно ли лечение купероза в домашних условиях? Вы будете удивлены, но половина людей не знают, что у них купероз. Но он у них есть. Анатомически сосудики расположены близко к коже. Начинают чувствовать перепады температуры, воздействие окружающей среды. Нарушается микроциркуляция крови. Расширяются и лопаются сосудики. Кожа становится чувствительной. Купероз - это ЗАБОЛЕВАНИЕ и его необходимо *лечить*. Ещё важнее заниматься профилактикой, для того чтобы избежать обострения.

Начальная стадия купероз присутствует у 90 % женщин. Просто на неё никто особого внимания не обращает.

- розовые щёчки при морозе
- румянец, когда похохотали
- прилив крови к щекам вследствие эмоций

В этом случае, как минимум нужна профилактика. За полчаса до улицы нанесите на лицо защитное средство. Зимний крем. На щёки, нос, подбородок. То, что сильнее мёрзнет. Конечно, вы всё равно порозовеете, но *нагрузка* на сосуды будет *меньше*. Ваша кожа не будет портиться от мороза.

Начальная стадия самая опасная.

Потому что здесь, особо никто не задумывается. Другое дело, когда сосуды и звёздочки вылезли наружу. Их видно невооружённым глазом. Вот тогда- то борьба и начнётся. И пойдут в ход все мыслимые и немыслимые средства от купероза. Потому что это чревато обострениями.

Помните, профилактика всегда эффективнее, чем лечение купероза.

Хоть и звучит занудно.

Понятно, что полностью от купероза не избавиться, так как по большей части – это генетически заложено. Но есть возможность утолщить стенки сосудов. Уберечь их от прорыва и кровоизлияния.

Средняя стадия возникает:
- когда сосудики начинают просвечивать сквозь кожу
- покраснение сохраняется постоянно
- в помещении держатся розоватые щёчки.

Самая тяжёлая степень - это
- миникроподтёки
- синие венки,
- цвет кожи синюшно - багрового цвета.
- воспаления участков кожи с образованием гнойничков

Купероз опасен воспалением ткани. Что такое сосудистая звёздочка? В какой - то момент сосуд не выдерживает приливов кожи и прорывается. Создаётся идеальное место для размножения микробов. Идёт воспаление внутри ткани.

Любой купероз дружит с холодовой аллергией. Покраснения, жжение от мороза, шелушение. Часто её проявления принимаются за чувствительность кожи. Хотя так на кожу влияет эта парочка.

Конечно, можно воспользоваться салоном красоты и удалить повреждённый сосуд.
1. Все сосуды удалить нельзя.
2. Без профилактики, они вылезут по новой, как грибы после дождя.

Генетику изменить нельзя, но подкорректировать вполне реально.
1. Укрепить сосуды.
2. Избегать перепадов температуры. Постоянные протирания кусочком льда, больше вредят, чем помогают. Если уж нравится лёд, тогда курсом неделю – протираете. Неделя перерыв. Месяц пользуетесь, потом три месяца перерыв.

3. Баня, сауна, парилка противопоказаны при куперозе.
4. Острая и горяча пища.
5. Курение и алкоголь.

Все эти факторы обостряют. Не можете отказаться? Значит, непременно профилактика и укрепление сосудов. Неприятно, но купероз приводит к старению кожи.

- *Как же лечить купероз?*
- *Возможно ли лечение купероза в домашних условиях?*

Конечно. Основной упор здесь идёт на укрепление сосудов. Это длинный путь - залатывать сосуды. Зато, результативный. Особенно на начальных и средних стадиях. При тяжёлых стадиях естественно без специалистов вряд ли обойтись.

Какие средства от купероза помогают?

Те, что содержат аэсцин. Он добывается из конского каштана и имеет медицинский эффект:

1. Уменьшает отёк.
2. Снимает воспаление.
3. Глубоко проникает и защищает сосуды от разрушения.
4. Укрепляет, утолщает, залатывает стенки капилляров.
5. Хорошо усваивается и всасывается в стенки капиллярчиков

Идеальный продукт для работы на самом глубоком слое кожи. Обязательно должен присутствовать солнцезащитный элемент.

Витамин "Е" приветствуется. Он останавливает процесс перерождения ткани при прорывах сосудиков. Ускоряет заживление. Снимает раздражение. Фитотонин улучшает кровообращение и эластичность сосудов.

Курсы по лечению куперозу самые длительные. Долго, но все же лучше, чем выдирать сосудики.

Ну а те, кто находится в зоне риска – займитесь профилактикой

" Как избавиться от пигментации"? - зеленея от зависти, спрашивают вас подружки. Лечение и удаление пигментации, под вашим пристальным контролем.

«В 20 лет - девушка выглядит так, какой сделала её природа. В 30 лет - женщина выглядит так, какой она сама себя сделала. А в 40 лет - женщина выглядит так, как она заслуживает»!!- говорила Коко Шанель.

За точность фразы не ручаюсь, но смысл понятен. Каждый прожитый год ставит свою отметинку на лице. Поначалу их мало. Но со временем становится всё больше и больше. К морщинкам добавляются пятна старости. *Тошно смотреть в зеркало.*

Актуальнейшая тема:

«Как избавиться от пигментации»? Рассмотрим причины появления, для того, чтобы провести лечение и удаление пигментации.

- Генетическая предрасположенность. Но, преодолейте желание всё свалить на природу. На самом деле это маленький процент от большинства случаев.
- Изменения гормонального фона. Чаще во время беременности. Пятна проходят сами собой. Поэтому с ними здесь не борются, а защищаются. И, избегают солнечных лучей.
- Ультрафиолетовое облучение. *Вот, где собака зарыта.* Больше 50 % пигментации, от неграмотной солнечной защиты. Вернее её отсутствия.
- Воспалительные процессы на коже и мёртвые клетки, тоже занимают большой процент пятен. Неправильное и неграмотное скрабирование ведёт к старческой пигментации.
- Последствия косметологических процедур. Любая процедура в салоне сопровождается побочными эффектами. Не всегда, понятно сразу. Не всегда, пигментация. Но последствия присутствуют всегда.

Гиперпигментация — более интенсивная окраска определенных участков кожи вследствие повышенного содержания меланина. Меланин защищает кожу от УФ-лучей, тем самым играя роль солнечного фильтра. При изменении количества меланина, нарушается пигментация кожи. Количество пятен увеличивается, наводя грусть-матушку на любую женщину.

- Как избавиться от пигментации?
- Как бороться?
- Из чего состоит лечение и удаление пигментации?

Конечно, можно сразу посетить салон. Но, список противопоказаний велик и болезненность тоже присутствует. Попробуйте для начала побороться с ними в домашних условиях:

- Пересмотрите этапы основного ухода. В случае отсутствия умывания с очищающии средствами, тонизирования, скрабирования.

Правильная мысль. Пятна в подавляющем большинстве из-за этого. Потому что, мёртвые клетки наросли. И постепенно превратились в наросты – пятна. Не путайте, пожалуйста с родинками и родимыми пятнами. Если сомневаетесь, то обязательно проконсультируйтесь с врачом-специалистом.

В ходе отшелушивания пигментносодержащие клетки рогового слоя кожи будут постепенно расщепляться и удаляться. Поэтому дома вы можете использовать поверхностные химические пилинги и скрабы. Наберитесь терпения. Ваши пятна наросли не за один день. И убирать их придётся тоже курсом.

- Использование кремов, желательно из лечебной серии с наличием дикарбоновой и щавелевой кислоты для расщепления и удаления пятен. Обязательно наличие высокого SPF-фактора. Даже зимой. При удалении пигментации, есть повышенный риск заработать новые пятна без должной защиты. Плюс витаминные добавки для обновления и регенерации кожи.

Как же предотвратить образование пигментных пятен?

Никто не застрахован от их нового появления.

- Я уже все уши прожужала про грамотный уход. Не буду повторяться.
- Использование дневных кремов. Это защита. Даже зимой можно нахватать неприятностей на лицо. Минимальный фактор -

SPF 15 . Чем светлее кожа, тем выше фактор защиты. Наносите солнцезащитный крем за полчаса. Специальные фильтры успеют впитаться и начнут действовать.

Как видите достаточно просто уберечь себя. И чем раньше начнёте, тем лучше результат. И даже, если вы раньше этого не делали, или делали неправильно. Это не повод для грусти. Засучите рукава. Начинайте осваивать грамотный и профессиональный уход за лицом. Мои советы вам помогут.

Как определить тип кожи?
Для чего это необходимо?
Правильный **способ,** **решения** проблем **кожи** лица.

Сегодня на рынке изобилие средств по уходу за лицом. Глаза разбегаются. На что ориентироваться при выборе? Как купить действительно необходимую косметику? Когда мало знаний в первую очередь необходимо, опираться на тип кожи.

Как определить тип кожи лица.

Простейшая анкета поможет вам сориентироваться

- Что вы чувствуете после умывания с мыло?

1. кожу тянет;
2. без неприятных ощущений;
3. сухая кожа, местами зудит;
4. приятные ощущения;
5. в некоторых местах кожа сухая, в некоторых эластичная;

- Какой стала Ваша кожа после обработки очищающим молочком?

1. приятной;
2. без неприятных ощущений;
3. местами приятной, местами стянутой;
4. жирной;
5. местами жирной, местами гладкой.

- Как Ваше лицо обычно выглядит в середине дня?

1. появляется шелушение;
2. свежее и чистое;
3. появляются шелушащиеся пятна, небольшая краснота;
4. лоснится;
5. лоснится в районе носа, лба и подбородка (в Т-образной зоне).

- Как часто у Вас появляются прыщи?

1. никогда;
2. изредка перед критическими днями или во время них;
3. иногда;
4. часто;
5. часто в районе носа, лба и подбородка (в Т-образной зоне).

- Как реагирует кожа, когда Вы наносите на лицо тоник?

1. возникает жжение;
2. без проблем;
3. жжет, тянет и зудит;
4. ощущение свежести;
5. местами ощущение свежести, местами жжение.

- Как Ваше лицо реагирует на жирный ночной крем?

1. приятные ощущения;
2. приятные ощущения;
3. иногда приятно, иногда чувствуется раздражение;
4. кожа становится очень жирной;
5. кожа жирная в области носа, лба и подбородка (в Т-образной зоне), неприятные ощущения на щеках.

Теперь просмотрите свои ответы. Какие цифры в них преобладают:

1. кожа сухая;
2. кожа нормальная;
3. кожа чувствительная;
4. кожа жирная;
5. кожа смешанного (комбинированного) типа,

На самом деле - это достаточно грубая прикидка. Просто для того, чтобы можно хоть на что - то ориентироваться при выборе косметики для ухода. Неправильно подобранная косметика только усугубит ваши проблемы.

Например, обладательницы сухой кожи при использовании кремов для жирной, ещё больше себе высушат кожный покров. Так как в ней содержатся подсушивающие компоненты. Или при жирной кожи необходимо обращать внимание на содержание масел в косметике. Так как они могут спровоцировать комедоны и забивать поры.

Поэтому умение определить свой тип кожи лица немного вас спасёт в случае выбора.

Существует ещё такое понятие, как обезвоженная кожа. Дряблая кожа. Обезвоженной может быть и жирная, и сухая кожа. Дряблая кожа - не значит, что уже возраст. Пик старения кожи приходится на период с 25 до 35 лет. И в это периоде время вполне могут наблюдаться признаки дряблой кожи.

Поэтому, данные на баночках, о том, для какого возраста и типа кожи они предназначены – сделано для обычного потребителя. Который, забежал в спешке. Увидел похожую циферку своего возраста. Примерно свой тип кожи. И купил. Минимум усилий. Даже вроде, как подошло. Только пользы мало. Потому что косметологи знают, что все типы кожи уже настолько перемешаны, что намного, намного эффективнее рассматривать конкретную проблему лица в данный период времени. На что следует обращать внимание?

- Наличие купероза
- Наличие покраснений
- Наличие угрей, прыщей, комедонов, чёрных точек
- Наличие шелушений
- Наличие пигментных пятен
- Наличие морщин
- Качество тонуса кожи
- Состояние пор
- Наличие рубцов после угревой болезни

Это более правильный путь. Понимание проблемы и выбор средства, которое может решить эту проблему.

Я уже писала, что в 70 % случаев нет острой необходимости в посещении салона красоты. Часто коммерческая составляющая салона преобладает. Проблему можно решить более демократичным путём. Путём правильного подбора косметических средств, для домашнего ухода. Путём грамотного ухода.

Этот путь не самый быстрый. Так как любая кожа обновляется минимум месяц, а стойкие, положительные результаты появляются через 3-6 месяцев.

Но он более безопасный, экономичный и действенный.

Хороший, профессиональный уход за лицом.

Как часто делать?

Почему женщины **так** любят ультразвук **в салоне?**

Чем **его** заменить **дома?**

Ваш спутник непременно это ОЦЕНИТ!

День любой женщины набит под завязку. Хлопоты по дому, забота о семье, работа. И ещё много чего по пути. Вечная беготня, усталость, зачастую, просто лень ставят *крест на хороший уход за лицом.*

Время вспомнить о себе появляется после того, как зеркало начинает, говорить открытым текстом: « Тебе всего лишь… .лет. Современный человек способен легко прожить до 100 лет. Тебе ещё жить и жить. Сама посчитай. Посмотри на своих сверстниц. Ты вполне можешь выглядеть СНОГСШИБАТЕЛЬНО. Кто, или что мешает проводить хороший уход за лицом»?

Кстати, *профессиональный уход за лицом*, означает только одно. Обязательное соблюдение всех этапов ухода. Напомню:

1. Очищение - утром и вечером.
2. Тонизирование - утром и вечером.
3. Увлажнение - утром.
4. Питание – вечером.
5. Уход за кожей вокруг глаз и губ – утром и вечером.
6. Дополнительные средства:

- антибактериальные, до 2 раз в сутки
- восстанавливающие во время смены сезона: 1 месяц весной, 1 месяц осенью
- защитные, например, зимой защитный крем, летом солнцезащитный – за 20-30 минут до выхода на улицу
- питательные и увлажняющие – 2 раза в неделю
- отшелушивающие – 1-2 раза в неделю

7. Космецевтика (лечебная косметика) – 1-2 баночки несколько раз в год по проблеме кожи.

- А теперь скажите, лично для Вас РЕАЛЬНО столько раз <u>посещать</u> салон красоты?

- Для того чтобы осуществлять профессиональный уход за кожей лица?

Может быть проще осуществлять все процедуры дома и всегда выглядеть ПОТРЯСАЮЩЕ?

Этот солидный список по времени занимает 10-15 минут в день. С масками - полчаса , 2 раза в неделю.

- Вы действительно настолько вымотаны?
- Для себя любимой не можете выделить такое количество времени?

 Знаете, у меня есть косметологический кабинет. Я столько раз видела, как преображались женщины после этапа корректного очищения кожи. У меня вообще создаётся впечатление, что многих нужно просто отмыть, как следует и отпустить с миром. Уже КРАСАВИЦЫ.

Представляете, насколько сильные инструменты красоты находятся в ваших руках. Пользуйтесь. Это же просто. Правильно выбирайте косметику. Предпочтительнее натуральную, на травках. Эффект медленнее конечно, чем от гормоноподобной. Зато безопасный и нет привыкания. Ориентируйтесь на проблему кожи.

Например, девушка 25 лет страдает от сухости кожи, ранние морщинки, слабый тонус лица. Это же не означает, что ей нужно дожить до 40 лет с таким лицом. И только потооооом использовать антивозрастную косметику. Бред. Ей сейчас важно решить проблему. Курсовое применение специальных антивозрастных средств поддержит её кожу. Будьте спокойны, старше она вряд ли станет. Только похорошеет. Естественно при грамотном подборе лечебной схемы.

Открою ещё один секрет салона красоты.

Женщины падки на слово ультразвуковая чистка. Самая популярная салонная процедура. Звенящий звук ультразвука действует магически на женский разум. *Создаётся ИЛЛЮЗИЯ волшебного превращения в красавицу. К тому же, вы её сами и оплачиваете.*

Не будем про противопоказания и побочные эффекты. Даже для самой проблемной кожи, хороший, постоянный уход за лицом дома, будет результативней. Это факт.

Ещё ультразвук хорошо подтягивает кожу. Корректирует овал лица. Правда, временно. *Потому что кожа натягивается ненадолго.*

- Вы же её к ушам не подвязываете?
- И не обрезаете?
- Куда может деться площадь вашей кожи?
- За счёт чего держаться будет?

Без вариантов. Опустится снова. Ну, нечем её держать. Понимаете. А вот, если бы Вы делали массаж лица, тренировали мышцы. Вот тогда, действительно мышечный каркас будет держать овал и идеальную форму.

Поймите, я не против салонов красоты. Действительно, какие - то задачи способен решить только профессионал.

Подавляющую часть проблем, реально разрешить дома.

Соблюдая, хороший и профессиональный уход за лицом.

Даже если сегодня вас всё устраивает. Без выполнения этих правил…….

Представьте, насколько ПРЕВОСХОДНЕЕ, Вы сможете выглядеть, следуя простейшим советам.

Покупайте Ваши книги быстро и без посредников он-лайн – в одном из самых быстрорастущих книжных он-лайн магазинов! окружающей среде благодаря технологии Печати-на-Заказ.

Покупайте Ваши книги на
www.more-books.ru

Buy your books fast and straightforward online - at one of world's fastest growing online book stores! Environmentally sound due to Print-on-Demand technologies.

Buy your books online at
www.get-morebooks.com

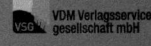

VDM Verlagsservicegesellschaft mbH
Heinrich-Böcking-Str. 6-8   Telefon: +49 681 3720 174   info@vdm-vsg.de
D - 66121 Saarbrücken   Telefax: +49 681 3720 1749   www.vdm-vsg.de

Printed by Books on Demand GmbH, Norderstedt / Germany